Notizbuch

Dieses Notizbuch gehört:

Name: ....
Adresse: ....
Handy: ....
E-Mail: ....

Geburtstagsliste

Name	Datum	Name	Datum

Kontakte

Printed by Amazon Italia Logistica S.r.l.
Torrazza Piemonte (TO), Italy